朋朋洗澎澎

圖文創作 **及川賢治・竹內繭子（100% ORANGE）** 譯 **黃郁欽**

洗澡水放好了。
這裡好多蒸氣，
所以什麼都看不清楚吧，
這裡是浴室喔。

咦？是誰在浴室裡？

是愛洗澎澎的朋朋。

哇！來了一艘大船！

是誰在船上揮手？

也是愛洗澎澎的朋朋。

大船在水蒸氣裡面，跑得好快。

洗澡號

咦？ 是誰在這裡釣魚？

又是愛洗澎澎的朋朋。
他到底會釣到什麼呢？

哇！釣到一隻好大的章魚。

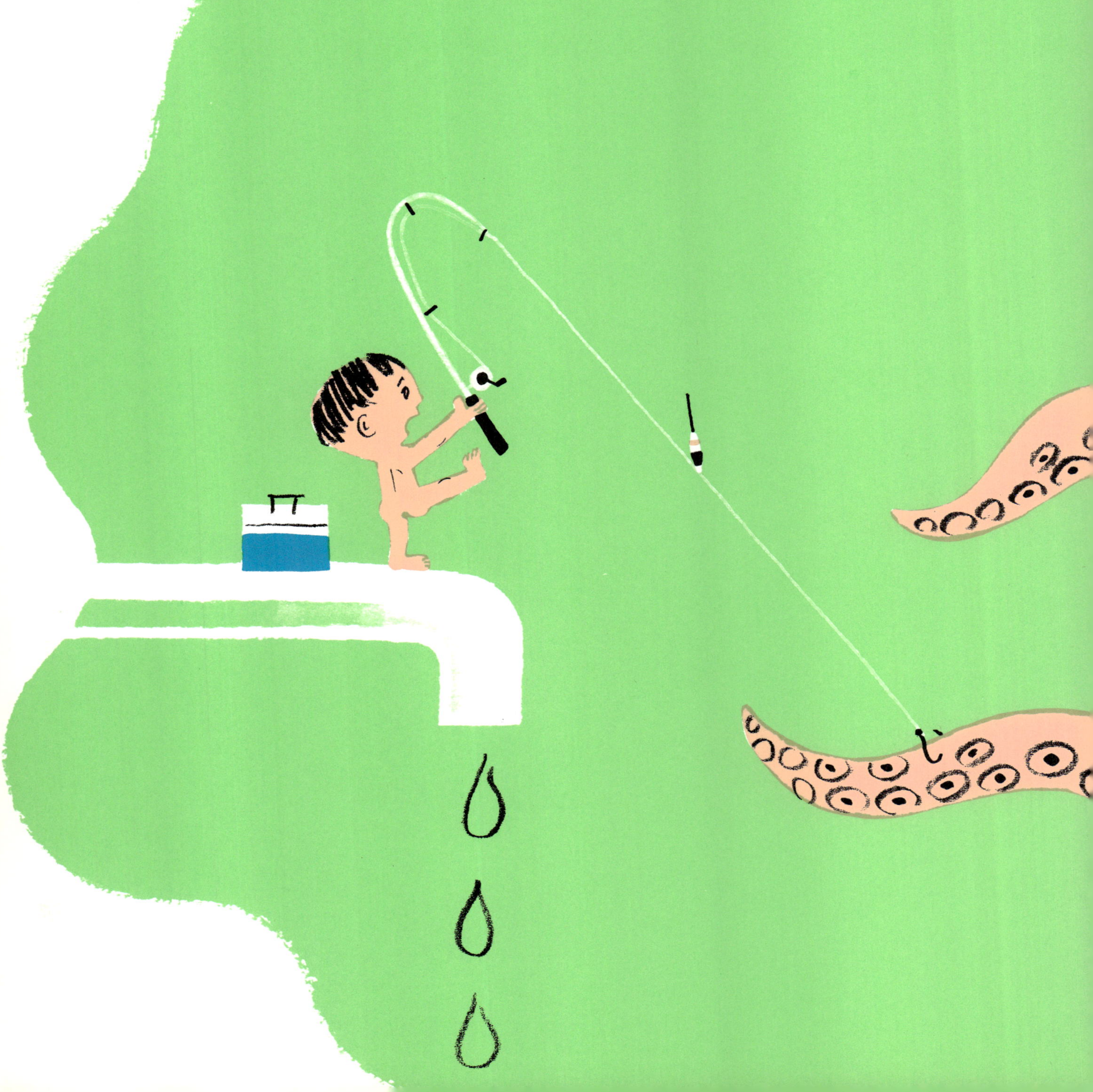

哎呀！ 看清楚一點，

那不是章魚， 是爸爸。

糟糕，突然下起雨了，

好大好大的雨。

咦？是誰在大雨裡面開心的跳舞？

那也是愛洗澎澎的朋朋和爸爸。

他們洗了頭，

然後用蓮蓬頭沖著身上的泡泡。

呼ㄏㄨ……

哦！這次從浴缸裡，
浮出了一臺潛水艇。

從裡面走出來的，

果然還是愛洗澎澎的朋朋。

「我洗好了！明天再來！」

朋朋說完就離開了浴缸。

朋朋穿上了白色的小內褲，

好開心。

圖文創作　及川賢治・竹內繭子（100% ORANGE）

多摩美術大學視覺設計科畢業的及川賢治和文化學院畢業的竹內繭子兩人所組成的插畫團體，從一九九六年左右開始以**100% ORANGE**的筆名發表作品。廣泛的活躍於插畫、漫畫、廣告、繪本、書封設計等各個領域。

繪本作品有《這是我家》、《這是公車》（阿布拉）、《小雄打翻牛奶的故事》（日本岩崎書店）、《綠豌豆的家》（日本教育畫劇）等。

譯　黃郁欽

一九八〇年學電影，一九八六年開始擔任電視編劇。喜歡天馬行空的幻想、自由自在的畫圖，所以於一九八八年開始創作繪本，一九九六年成立繪本創作團體「圖畫書俱樂部」。目前持續手製繪本的創作。曾獲國語日報社牧笛獎首獎、陳國政兒童文學獎優選、行政院環保署小綠芽獎等殊榮。已出版作品有《這是誰的？》、《不對、不對》、《好東西》（小魯文化出版）等。

小魯寶寶書 BP66　朋朋洗澎澎

圖文創作 及川賢治・竹內繭子（**100% ORANGE**）　譯　黃郁欽

發行人／陳衛平
執行長／沙永玲
出版者／小魯文化事業股份有限公司
地址／臺北市106安居街六號十二樓
電話／（02）2732-0708
傳真／（02）2732-7455
E-mail／service@tienwei.com.tw
網址／www.tienwei.com.tw
facebook粉絲團／小魯粉絲俱樂部
郵政劃撥／18696791帳號
出版登記證／局版北市業字第543號
總編輯／陳雨嵐
編輯部主任／郭恩惠
文字責編／劉握瑜
美術責編／李縈淇
初版／西元2014年4月
定價／新臺幣280元
ISBN／978-986-211-428-5